LA NUEVAYORKINA
DE
NUEVAYORKINOS

La Nuevayorkina de Nuevayorkinos

Djali Brown-Cepeda & Victoria Muñoz-Lepore

Cover Art
by Ricardo Castañeda

Nuevayorkinos

Title Description

La Nuevayorkina de Nuevayorkinos tells the story of the founder of the digital photo archive Nuevayorkinos, Djali Brown-Cepeda. Who is Djali? And, what inspired her to create and sustain an Instagram based community of over 30 thousand people documenting and sharing their individual and collective stories of the New York City Latinx experience? Read on (in comprehensible Spanish!) to find out!

This is a comprehensible input novel in Spanish. Comprehensible input novels are short readers written for language learners in the target language using high frequency phrases. This novela can also be incorporated as an independent reading choice for heritage student learners and speakers of Spanish and/or as a foundation from which to build a curriculum unit for low intermediate Spanish language learners and beyond. Questions are included in the final chapter that encourage personal reflection about heritage, roots, storytelling, documentation, and community.

Acknowledgements

Thank you first to Djali Brown-Cepeda, the creator and founder of Nuevayorkinos. Without you, we would have no story! And your story is inspiring as it is beautiful! Thank you for trusting me with your words. Thank you for agreeing to join in on this collaborative project-- to make your life and the Nuevayorkinos journey a relevant and accessible story to heritage learners of Spanish and all Spanish language learners of NYC and beyond.

Major gratitude to the NYU Center for Latin American and Caribbean Studies Teaching Fellowship Program. Without your support, I would not have embarked on this project. Special thank you to my project advisor Tom Troisi and additional mentorship from Marchita Primavera for all of your constructive edits and feedback.

An additional thank you to the TPRS and Comprehensible Input (CI) teaching community. I have learned so much about how to create CI content throughout the years by attending countless workshops and purchasing so many of your useful materials.

So much gratitude and love for Mary McDowell Friends School (MMFS) colleagues and all of my MMFS students over the years for trusting me in my ongoing quest to create a more meaningful and relevant Spanish language program for students. Thank you for showing up with me and pushing me to be a better and more creative teacher, day after day, year after year.

And of course, to my mamá-- gracias por compartir tu pasión por nuestros ancestros, la historia latinoamericana, y la enseñanza conmigo desde siempre-- te quiero mucho.

About the Author-Interviewer & Interpreter

Victoria is originally from the Greater Boston area although New York City is an important part of her lineage. Her grandparents migrated from Puerto Rico in the 1940s to the Bronx. Her grandmother worked as a seamstress in a clothing factory on Longwood Avenue and her grandfather owned a bodega nearby. Much of her Puerto Rican family lived between the Bronx, El Barrio, Queens and Long Island. Her mother attended Queens College, and in the late 1970s she was introduced to Victoria's father, an Italian-American from Boston, in the Bronx. While growing up Victoria was influenced by her mother, an educator who included Puerto Rican history in her Spanish classes. Outside of that brief introduction, Victoria never heard about Puerto Rico, the Puerto Rican diaspora, or other Latinx groups with large representations on the east coast in Spanish class until she was a graduate student of Spanish at 28 years old! Throughout her 12 years as a teacher, she has strived to create compelling comprehensible content based on histories and stories from Latin America and/or the Latinx diaspora so that her students can either learn about themselves and/or their friends, family, and neighbors. When Nuevayorkinos came to be, she started incorporating the photos and stories into her curriculum and was always a fan of how collective the Nuevayorkinos project is-- it doesn't tell only one but rather a multitude of stories! Victoria resides in Queens and teaches Spanish in Brooklyn to students with learning disabilities--students who prove to her every day that it is possible for all students to learn a second language.

About the Illustrator

Ricardo Castañeda is a Colombian-born New York-raised graphic designer based out of Brooklyn. He's also the second half of Nuevayorkinos, the New York City-centric archival project. His passion for action sports fuels his creativity, which, by proxy, influences his work.

A Note to the Reader

This autobiographical account of Djali Brown-Cepeda and the story of how the digital archive Nuevayorkinos came to be was written and interpreted based off of a series of interviews between Djali and Victoria in the winter of 2021.

We encourage you to use the glossary! If a word or phrase is bolded in the text, you can find it in the glossary for that chapter. Many words or phrases are repeated throughout a chapter and/or throughout the entire text to support your retention of that phrase or word. The glossary is a great way to generate a vocabulary study list prior to reading that chapter.

We also encourage you to check out the appendix of gender inclusive phrases. Many writers, thinkers, and activists in Latin America, the Caribbean, and abroad are experimenting with the Spanish language in an effort to make the language more gender inclusive. The idea is not to change the language of abstract objects, but rather to change language that describes people. The appendix includes examples of words and/or phrases from this novela that can change to become more gender inclusive. You'll notice that the o or a often changes to an e. Feel free to experiment and notice how various words change. However, keep in mind that the majority of Latinx people do not speak this way. For this reason, we maintained the language in this book loyal to the ways in which people live and breathe the language, particularly the Latinx population of New York City.

We hope you enjoy the story! We also hope that this novela inspires you not only to learn more about Nuevayorkinos and the wide range of stories that contribute to New York City (NYC) Latinx history and ultimately NYC history, but also to reflect on how you can make an impact on your community. You will notice that there are reflection questions that pop up at various points throughout the text-- we urge you to actively think through your responses. The world needs you!

"To the kids of color in public school
who are made to feel invisible...I was
you, I see you, I love you." – Djali

Contents

1

¿Quién es Djali?

Hola, ¡yo soy Djali Alessandra Brown-Cepeda! ¡Es un placer conocerte! Soy una mujer afro-dominicana americana de Inwood, un barrio dominicano de Manhattan, Nueva York. Mi mamá es dominicana americana y mi papá es afro-indígena americano. Soy de Nueva York así que ¡también soy nuevayorkina!

En esta novela, **te voy a contar** un poquito de mi historia. La historia es muy importante para mí. **Vengo de** una familia que **me enseñó** la importancia de la historia. Mi mamá estudió su linaje y escribió un libro sobre su latinidad. El libro se llama *Ave del Paraíso: Como Me Hice Latina*. Ella **me enseñó** los nombres de mis ancestros y mi mamá siempre **me decía**, "Djali, **si no fuera por ellos, ¡no existirías!**" ¿Qué **fuerte** no? Esta idea **fuerte** siempre **la llevo conmigo**. Y esta idea **fuerte** impacta mis decisiones, **mis metas,** y el trabajo que hago en este mundo. **Yo vivo porque mis ancestros vivieron. Yo respiro porque ellos respiraron. Yo existo porque ellos existieron. Aun mi nombre** Djali tiene mucha historia. El nombre Djali o djeli **viene del imperio maliense.** Djali o djeli significa griot. Un griot en la tradición maliense es una persona muy especial para el pueblo. Esta persona **recibe la bendición** de sus viejos **para contar y compartir la historia y la cultura del pueblo.** Un griot **cuenta y comparte la historia y la cultura del pueblo** para la próxima generación. **Además,** mi abuela era bibliotecaria y archivista para la familia. Ella siempre **documentaba, leía, y preservaba nuestro linaje** e historia. **Mi familia me crió** con mucha cultura dominicana, pero también **iba** a ceremonias indígenas con mi abuela donde yo **bailaba** las danzas tradicionales, **cantaba** las canciones tradicionales y **comía** el pan fry.

Si yo vivo porque mis ancestros vivieron,

si yo respiro porque mis ancestros respiraron,

si yo existo porque mis ancestros existieron-- ¡tú también lo haces!

Tú vives porque tus ancestros vivieron.

Tú respiras porque ellos respiraron.

Y tú existes porque ellos existieron.

Como mi mamá **me enseñó: "si no fuera por ellos, ¡no existirías!"**

Eres una persona única con ancestros únicos. Espero que siempre lleves esa idea fuerte contigo también.

2

Mi Niñez en Nueva York

Crecí entre Inwood, Manhattan y Soundview, en El Bronx. Mi mamá **vive** en Inwood y mi papá **vivía** en Soundview. Los dos lugares son muy importantes para mí. Mi mamá es dominicana y mi papá es afro-indígena. **Crecí entre** los dos lugares. Mis abuelos de Inwood **viven** a siete minutos de mi casa. **Pasaba mucho tiempo** con ellos. Mi abuelo es el amor de mi vida. **Me enseñó** mucho. **Me crió. Si no fuera por él, no sé cómo sería yo.** Mi abuelo **me buscaba a la escuela. Me buscaba desde el tercer grado hasta el octavo grado** todos los días. (Mi padrastro **ayudó** cuando mi abuelo no pudo.) Cuando **me buscaba** a la escuela, **íbamos** al centro de Inwood. En el centro, el barrio estaba lleno de música, banderas, y tiendas de autos dominicanos y tiendas de llantas dominicanas. Siempre **comíamos** comida dominicana en un restaurante que se llama "La Nueva España." Es decir, todos los días después de la escuela,

comía comida dominicana con mi abuelo en Inwood. Y siempre **quería** la misma orden: **arroz con habichuelas, maduros** y **un pollo a la parrilla**. En el restaurante había música alta con los clásicos de merengue y salsa. **Por eso,** la gente también hablaba alto para poder conversar con la música alta. **Por un rato**, estuve obsesionada con la pizza. Durante esa obsesión, mi abuelo y yo **comíamos** pizza pero **aun así**, la pizzeria era latina. **Recuerdo que** yo siempre era tímida al **pedir** la comida en español. Mi abuelo siempre **pedía comida** para mí. Un día, por fin cuando tenía 14 (catorce) años en el restaurante, **pedí la comida** en español. Toda la gente del restaurante estaba emocionada porque **yo pedí la comida** ese día en español. Siempre **recuerdo ese momento**.

Pasaba los días de la semana con mi mamá en Inwood y **pasaba** los fines de semana en Soundview con mi papá. Pero a veces, **pasaba** más tiempo con mi papá también. Mi abuela y tía también vivían en el mismo edificio. Tenía mucha familia que vivía allí. El apartamento de mi papá era de su abuelo. **Mis abuelos se casaron en el edificio.** Llevo a Soundview y a Inwood en mi corazón. Mi abuela Mima, que **vivía** en Soundview, era una mujer brillante. Ella fue a Smith College y luego a la universidad de Columbia. Era **bibliotecaria** del Schomburg Center for Research & Black Culture. Y también era **bibliotecaria** para la Corte Suprema del Bronx por muchos años. Mima **me enseñó** tres cosas: la educación, la importancia de leer y la importancia de saber tu **linaje** y tus **raíces**. Las estructuras de la sociedad hacen mucho **para asegurar** que **no sabemos nuestra historia**.

Siempre **recuerdo** su apartamento. En el apartamento **había** muchos libros y artefactos y también **había** un mapa grande de los Estados Unidos. Me encanta ese mapa. **El mapa no marcaba los estados** sino marcaba las naciones indígenas. La familia de mi abuela era de Delaware. **Nuestro linaje** es Powhatan y Nanticoke Lenni-Lenape. Mima **me enseñaba sobre** la historia afro-indígena. Era importante porque muchas escuelas **enseñaban que los europeos mataron a toda la gente indígena**. También **enseñaban que "el comienzo" de la gente africana fue la esclavitud**. Mi abuela **no quiso eso para mí**. Mi abuela **no quiso que yo aprendiera** la historia solo **desde la mirada blanca**.

Durante mi niñez, Mima **me llevaba** a las celebraciones indígenas. Ella **me llevaba** a las celebraciones indígenas **durante la temporada** de los powwows. **La temporada** de los powwows era entre mayo y octubre para Mima y yo. También **aprendí** cómo bailar en las reuniones. Yo **era bailarina de cascabeles**. **Íbamos** a Drums Along the Hudson en el Parque Inwood. Entonces, podía caminar a la ceremonia. **Salía** de mi casa y caminaba con mi **ropa de la reunión**. La ropa de ceremonia tenía conos y **cascabeles**. Entonces **el traje hacía el sonido de los cascabeles**. Cuando **salía** del apartamento en mi **traje**

de ceremonia, la gente del barrio **podía verme y escucharme caminando** a la ceremonia todos los años.

Durante la semana, **vivía** en la pequeña República Dominicana en Washington Heights con mi mamá, · y ella era como mi abuela. La educación es importante para ella. **Saber sobre los ancestros** es importante para ella. **Saber** la historia es importante, también. Su enfoque fue el caribe y la República Dominicana específicamente. Y mi abuela en El Bronx, **hizo lo mismo** pero el enfoque de mi abuela fue la historia afro-indígena y la historia indígena de las Américas. **Tenía los dos lados**. Jugaba double dutch con mis amigas pero también los fines de semana iba a los pow wows. **Vivía con todas las partes de mi ser**. **Vivía con** la parte de Inwood y la parte de Soundview. **Vivía con** la parte taína, **vivía con** la parte afroamericana, la parte dominicana, la parte indígena. **Vivía con** todas las partes de mis raíces y mis identidades. En muchas familias multirraciales y multiétnicas, las personas sienten que "no puedo vivir con todas las partes de mi identidad--**tengo que elegir**." Pero no fue así en mi familia. Nunca pensé, "**tengo que elegir**." Mi papá siempre **me decía**, "eres 50 (cincuenta) por ciento mami, 50 (cincuenta) por ciento papi y cien por ciento Djali. Sí, ¡**tú eres plátanos y la col berza!**"

3

Durante la niñez: la religión y la espiritualidad

Al crecer, mi mamá tenía los textos de muchas religiones en su biblioteca. Ella tenía los textos del budismo, islam, y hinduismo. Mi mamá siempre **me decía, "tú puedes tomar tu propia decisión." Ella quería enseñarme** todas las posibilidades. Pero practicaba y participaba en **el camino espiritual de Lucumi,** una religión yoruba de África Occidental, que **hoy en día** es la parte de África que es Nigeria. Mi mamá **me llevaba** a las ceremonias Lucumi **durante mi niñez.** También mi mamá es **santera** de Obatala. Obatala es un dios de la creatividad en la tradición de Lucumi. Obatala se representa en las montañas y las nubes. **Aunque** mi mamá **me decía** que **podía tomar mi**

propia decisión, el Lucumi **me llamó la atención. Me llamó la atención** porque ¡**la verdad es que** es hermoso! Es importante para mí que mi mamá **me crió** con el Lucumi. ¡Una razón es que **es una religión que sobrevivió** por la tradición oral! **¿Lo puedes imaginar? ¡No tenemos ningún escrito sagrado!** El Lucumi **sigue vivo** por la resiliencia de la gente africana. Es una práctica espiritual de **los sobrevivientes** de la diáspora africana. Es una práctica espiritual que **sobrevivió la esclavitud. ¿Qué fuerte no?** Durante **la esclavitud** en las Américas, la gente africana **esclavizada** por los españoles **escondía** a los Orishas **a través de** los santos católicos. **Por eso**, la tradición y práctica de Lucumi **podía sobrevivir.** ¡Esto es increíble!

En Lucumi, los dioses se llaman Orishas y todos son africanos. **Alabamos** íconos que son **fuerzas de la naturaleza** como el océano y el viento. Estas **fuerzas de la naturaleza** son fuerzas de la vida. **Estas fuerzas de la vida son mayores que nosotros**, pero también **están dentro de nosotros.** También los Orishas **se ven negros y morenos.** No crecí con dioses blancos. Yo **siempre podía ver dioses que se veían como yo.** Ver dioses que se veían como yo fue super importante para mí, como una niña de color.

Más tarde, durante mi adultez, **me inicié como santera.** El año de iniciación se llama el *iyaworaje.* Para el *iyaworaje,* me corté el pelo, y solo llevé el color blanco por **un año entero** y no hice muchas cosas. Ahora soy santera de Yemaya. Yemaya es madre de todo y se representa en los océanos. **Llevo siete pulseras** en **mi muñeca izquierda** para Yemaya. Las siete pulseras cuentan a la comunidad que soy santera de Yemaya. El número siete **tiene que ver con** los siete océanos. **El sonido** de las siete pulseras es para **la limpieza y la protección**. Este **camino de hacerme santera** es una forma hermosa **para honrar a mis raíces** y mis ancestros. **Alabar a los ancestros** es una gran parte de mi práctica espiritual.

4

Durante la niñez: La escuela

La escuela siempre fue difícil para mí. Era una niña muy inteligente y **tuve que aguantar** la historia que enseñaban en la escuela. **La escuela nunca incluyó** la versión de la historia que **aprendí** de Mima y mi mamá. La historia era una versión que **no contaba todo**, una historia que incluía mucho sobre los europeos blancos. La historia era una versión que **contaba de** la esclavitud pero no de la gente africana. La historia era una versión que **contaba de** la gente indígena **desde hace mucho tiempo** pero no de ahora.

Desde kinder hasta el segundo grado fui a una escuela católica. Los niños **se burlaban mucho de mí**. Y también los profesores **se burlaban de mí**. Se burlaban de mi nombre Djali constantamente. **Se burlaban de mí** porque no era católica. **Se burlaban de mí** porque mi mamá era santera de Obatala. Los niños católicos no entendían entonces **se burlaban de mí**.

Terminaba con mi tarea rápidamente y siempre estaba aburrida. **Por eso**, mi mamá **me llevó** para tomar un examen de entrada para una escuela mejor. **Hice entrevistas** para escuelas privadas. Pero las escuelas privadas eran muy costosas. Y mi mamá tampoco quería **un ambiente donde me sintiera obligada a alisarme el pelo**. No quería **un ambiente donde tuviera que actuar como otra Djali**. Entonces, entré en una escuela pública. La escuela se llama Talented and Gifted School for Young Scholars (TAG) en la calle ciento nueve (109) en Manhattan. **Y eso también fue su propia experiencia**. La mayoría de los estudiantes eran afro-americanos, africanos o puertorriqueños. **Era difícil navegar mi propia identidad en ese ambiente**. Primero, la escuela estaba en un barrio puertorriqueño y yo no era puertorriqueña. Segundo, muchas de las puertorriqueñas de la escuela tenían **la piel más clara**. Era el primer lugar que **aprendí sobre** mi identidad y raza **fuera de mi casa**. Es el lugar donde **la gente me decía** que era "un oreo" solo porque me gustaba leer y me encantaban diferentes tipos de música. También yo era una de los estudiantes que recibía incentivos porque era buena estudiante. **La escuela me trataba diferente** porque era buena estudiante. Había excursiones para los buenos estudiantes por ejemplo. Y eso sí fue clasista porque todos los estudiantes **no recibían el mismo acceso** que "los buenos estudiantes" recibían. **Yo vivía mucho allí** navegando quien era.

La escuela era parte de un edificio muy grande. En ese edificio también compartimos los pasillos con **estudiantes que se consideraban delincuentes juveniles. Por eso**, había policía en **los pasillos. Por un lado**, yo vivía una experiencia como **una estudiante dotada. Y, a la vez**, yo veía a otros estudiantes, que se parecían a mí, que **recibían malos tratos de parte de la policía**. Era **un ambiente tenso. Estoy agradecida por** ir a la escuela allí. Y también asistir a la escuela en El Barrio. **Me enseñó** otra experiencia, **me enseñó** una nueva parte de la ciudad. Y **además** escuché mucho español allí. **Hoy en día**, mi español es **distinto**. Primero porque no soy **nativa hablante**. Segundo, porque a veces **es una mezcla** del español boricua con acento dominicano. **La verdad es que**, desde octavo grado, pasaba mucho tiempo en El Barrio.

5

Adolescencia en Nueva York

Asistí a una escuela secundaria nueva. **Era la única persona** de mi escuela intermedia en **mi escuela secundaria**, The Beacon School. **Estaba contenta. Estaba contenta** porque era una oportunidad de **comenzar de nuevo. Hice amigos** en todos los grados, con **los estudiantes mayores** y los **estudiantes de mi propia edad**. Cuando estaba en mi segundo año de escuela secundaria, algunos de los estudiantes mayores **me acosaban**. Eso fue muy difícil. Además, los estudiantes **usaban las redes sociales para acosarme**. **Me acosaban** en **los pasillos** de la escuela. Y, **me acosaban** en **las redes sociales**. Por eso, **luchaba contra la depresión**. No **almorzaba** con los estudiantes en la cafetería. **Almorzaba** con los profesores en las aulas. Pero una noche durante **mi lucha contra la depresión, pensé,** "¿por qué estoy aquí?" También **pensé,** "¿es verdad que la gente dice en los pasillos?" **Pensé en** Anacaona, la cacique taína que nunca abandonó a su gente. **Pensé en** toda la gente de mi vida. **Pensé en** toda la gente que **me apoyó. Pensé en** toda la gente que vivía la vida mucho más difícil que yo. **Pensé en** todos mis ancestros. **Pensé en** todos los ancestros que **sobrevivieron la esclavitud.** ¡Mis ancestros **sobrevivieron la esclavitud!** Millones de personas **murieron** en **los barcos.** Millones de personas esclavizadas **murieron** aquí. Pero todos no **murieron.** Mis ancestros **sobrevivieron.** ¡Hay una razón por la que existo! ¡Hay una razón para mi existencia! Saber y sentir el poder de mis ancestros **me conmovió. Me animó** en **mi lucha contra la depresión.** Mis ancestros biológicos y mis ancestros no biológicos-- ellos me ofrecen raíces y **un fuerte sentido de la vida. Un fuerte sentido de vivir** en esta realidad.

Siempre era buena estudiante pero durante **mi lucha contra la depresión,** recibí notas de C **por la primera vez** en mi vida. Pero después de esa noche, esa noche de reflexión, **todo cambió.** Aunque los estudiantes **no dejaron de acosarme,** mi **fuerte sentido de la vida me animó a seguir adelante.** Vivir esa experiencia de acoso en la escuela, **me animó a** encontrar la confianza de ser **yo misma. No pienso que la gente deba vivir experiencias de acoso** o abuso para encontrar la confianza de ser uno mismo. Nunca el acoso o el abuso es necesario. Solo sé que esa experiencia **me animó a** encontrar **la confianza**

de ser yo misma. **Además**, asistir a la escuela con más estudiantes blancos que antes, también **me animó a encontrar la confianza de ser yo misma**, una persona negra, indígena, y dominicana americana.

Algo más ocurrió durante la escuela secundaria que **cambió todo**. ¡Mi hermanito, Marceau, **nació** durante la primavera del décimo grado! ¡**El nacimiento** de mi hermano **cambió** mi vida! ¡Qué fuerte **dar la bienvenida** a una nueva vida! Me encantaba y todavía me encanta pasar tiempo con él. **La verdad es que ayudé a criar** a mi hermanito. Él era tan importante para mí y **me enamoré de él**. Eso también **me animó**. ¿Hay un evento alegre que **cambió todo** en tu vida?

6

La universidad en Nueva York

Asistí a la universidad aquí en la ciudad de Nueva York. Asistí a **la facultad** de Eugene Lang. Eugene Lang es **la facultad** de las artes liberales que es parte de la universidad The New School. Mi experiencia en la universidad fue diferente a "la experiencia normal" y me encantó. Fue diferente porque **ayudé a criar** a mi hermano y vivía con él y mi familia durante la universidad. **Quería pasar mucho tiempo** con él y **me convertí en** mami número dos. **Como decía antes**, él era y ¡**es mi mejor amigo**! También mi experiencia en la universidad fue diferente a "la experiencia normal" porque no fui a **un montón de fiestas** como otros **estudiantes universitarios**. Y **sabes que** el estereotipo de una experiencia "normal" es **estar de fiesta**. ¡Pero **no quise eso**! ¡Estaba allí para estudiar! **Aun así, conocí** a amigos nuevos. **Conocí** a la mayoría de mis amigos en la universidad **a través de**l activismo.

El agosto **antes de entrar** en la universidad, **la policía mató** a Michael Brown en Ferguson, Missouri. **El movimiento** oficial para **Las Vidas Negras Importan** comenzó **el año anterior**, después de **la matanza** de Trayvon Martin. **Sin embargo**, después de **la matanza** de Michael Brown, Ferguson, Missouri **se hizo** un lugar importante en **el movimiento. Además,** el mismo verano de 2014 (dos mil catorce), un policía de Nueva York, **mató** a Eric Garner, un hombre negro de Staten Island **por vender cigarillos sueltos.** En diciembre de 2014 (dos mil catorce), mi primer año de universidad, **hubo una marcha** para **Las Vidas Negras Importan** en Manhattan. **Iba** a las protestas con mi mamá. Pero esa **fue la primera vez que** fui a una protesta sin mi mamá. Esa **fue la primera vez que** fui a una protesta con **otros jóvenes** de mi generación. Ese día, **conocí** a mucha gente en el centro de **la justicia social** de The New School. Esa **fue la primera vez que** colaboraba con otros jóvenes de mi generación para comprender estos eventos de injusticia y también para protestar los mismos eventos.

Siempre **recuerdo** ese día en el centro de **la justicia social** de The New School. **Recuerdo** ese día porque **aprendí** mucha información necesaria antes de protestar. Allí **aprendí** que puedes usar una cebolla y también **la leche de magnesia** para **reducir los efectos del gas lacrimógeno.** La policía utiliza el **gas lacrimógeno** para separar, controlar y **aterrorizar** a la gente de protestas grandes. **El gas lacrimógeno** puede **quemar** los ojos de la gente y causar mucho **dolor** y **daño** al cuerpo. No siempre hay **gas lacrimógeno** pero es bueno estar preparado. También **aprendí que** tú no necesitas identificación para protestar. **Además, aprendí** que **la policía te puede arrestar** en la calle pero si tú vas a **la acera**, técnicamente **la policía no te puede arrestar.** Ese día en diciembre del 2014 (dos mil catorce) en la calle catorce y la avenida quinta en el centro de **la justicia social** de The New School, **me abrieron los ojos y me desperté.**

Después de eso, **me junté** al grupo SOAD (los estudiantes de la diáspora africana). El grupo **hacía** mucho activismo **a través del** arte. **Durante ese momento, hacíamos** mucho activismo **a través del** arte sobre **la brutalidad policial.** Pero ese día **me enseñó** que aun en los movimientos sociales, **habrá dificultades. Recuerdo** un día en particular con el grupo. Ese día yo trabajaba con otra persona haciendo **una cronología** de la brutalidad policial en la ciudad de Nueva York. **Yo quería incluir** a Anthony Baez, un hombre latino del Bronx que la policía mató en 1994 (mil novecientos noventa y cuatro). **La persona me dijo** "no" porque Anthony Baez no era negro. No me gustó porque la policía también lo mató y es otro ejemplo de **la brutalidad policial. La persona me dijo,** "eres dominicana o eres negra— **no puedes ser los dos. Tienes que elegir." Pensé en** las palabras de mi papá, "eres 50 (cincuenta) por ciento mami, 50 (cincuenta) por ciento papi y 100 (cien) por ciento Djali." Obviamente soy negra e indígena y dominicana. No soy solo una. **No tiene sentido** para mí elegir. **Pensé,** "tú puedes hacer tu activismo bien dividido. **Voy a seguir adelante.**" Ese día **me enseñó** mucho. **Dejé de trabajar** con SOAD pero **no dejé de trabajar** con el activismo. **La verdad es que** siempre hay otra forma para participar en el activismo-- no es solo un grupo o un momento. **El mundo nos necesita.**

Entonces, **¡seguí adelante!** Después de eso, hice mucho trabajo para la gente que protestaba **la línea de tubería de acceso de Dakota** (DAPL). La gente **protestaba** porque **la línea de tubería de acceso de Dakota** lleva **petróleo** debajo de la tierra y la tubería pasa por la tierra de la gente Standing Rock Sioux. Pasa por **la tierra sagrada** de la gente Standing Rock Sioux. **Además, si la tubería explotara, causaría muchos problemas** para la gente que vive en esta zona. Más de quince (15) mil personas fueron a protestar contra **la línea de tubería de acceso de Dakota** para apoyar a la gente Standing Rock Sioux en North y South Dakota. Y la gente **protestó** por meses y **se quedaron** en **carpas.** Casi quinientas (500) **personas fueron arrestadas. Aunque** yo estaba en Nueva York, trabajé con una organización para **hacer una colecta** de **provisiones** y dinero. **Hice la colecta** de provisiones y dinero para la gente que **se quedaba en carpas** en la tierra de Standing Rock Sioux. Una forma de ser activista es llegar a la marcha o la protesta, pero otra forma de **apoyar** a **la justicia social** es **apoyar** a la gente que participa en las protestas. **Muchas veces** ellos necesitan **provisiones** y dinero para continuar la acción. ¡**Recaudamos** quince (15) mil dólares! Y, la campaña para organizar **las provisiones** también fue **exitosa**. Había muchos **camiones** que llenamos con **provisiones**. Estos **camiones** fueron a South Dakota y **distribuyeron las provisiones** allí.

Otra iniciativa que **yo ayudé a comenzar** durante mi tiempo en la universidad fue los estudiantes descolonizando la academia (SDA). **Nosotros notamos que** había cursos enteros dedicados a la literatura de James Joyce. Y también **notamos que** solo había un curso dedicado a la literatura afro-americana entera. La misión de la iniciativa de SDA fue preguntar **¿por qué es así?** ¿Por qué no hay un curso dedicado a James Baldwin? ¿Y Toni Morrison? ¿Y por qué hay cursos sobre la Biblia pero no hay cursos sobre la Mahabarata? **Como decía antes**, hay muchas formas de participar en cambiar **la injusticia**. Con **Las Vidas Negras Importan**, participaba con mi cuerpo en las calles. Con el movimiento #NoDAPL, **ayudaba** a la gente que **protestaba** en **carpas** con **provisiones** y dinero. Y con SDA, **ayudaba a cambiar la cultura dentro de la institución. Aunque** todas son formas diferentes de luchar contra **la injusticia**, todo es activismo. Un profesor **me apoyó** con SDA. Y **al principio**, había estudiantes que participaban. Pero después de poco tiempo, los estudiantes de SDA **dejaron de trabajar.** Cuando la gente dice "quiero participar" pero no participa-- ¡eso se llama "Slacktivism!" **Por eso**, **aunque** la misión de SDA fue importante, **no hicimos progreso** porque todos no trabajaron. Pero **como decía antes**, puedes aprender de estas experiencias y **llevar tu conocimiento contigo** para la próxima vez. ¡Siempre **habrá una próxima vez**!

Mi último semestre de la universidad fue durante el otoño del diciembre del 2017 (dos mil diecisiete.) Y este semestre **fue muy difícil. Fue muy difícil** porque mi abuelo, el amor de mi vida, **se enfermó.** Mi abuelo **se enfermó** durante mis exámenes finales. También estaba finalizando mi tesis. ¡Él **entró y salió** de **la sala de emergencia** ocho veces! Cuando él **entró** a **la sala de emergencia la octava vez**, **los doctores dijeron** que sufría **el riesgo alto de morir del fallo cardiaco. ¡No lo podía creer! Sentía mucho** por mi abuelo. También **estaba enojada. Estaba enojada** con **el sistema de salud.** ¿¡Cómo era posible que el hospital no encontrara el problema después de siete visitas a **la sala de emergencia**?! Afortunadamente, mi abuelo **sobrevivió** y **todavía está con nosotros hoy**.

Durante ese momento difícil, había dos profesoras que **me apoyaron y me animaron.** Se llaman Amy Sall y Talia Lugacy. Amy es **senegalesa** americana y una persona brillante. Talia era **mi asesora principal**. Las dos **me ofrecieron** muchas extensiones durante los exámenes finales. Ellas **entendieron** que era una época difícil para mí y para mi familia. **La verdad es que** ellas **me ayudaron a navegar ese tiempo difícil.** Siempre re-

cuerdo su generosidad. Amy no tenía muchos más años que yo y tenemos mucho en común. Y ella y yo **nos hicimos amigas**. Amy **enseñó** un curso sobre **la mirada africana** pre y post colonial **a través de**l cine y la fotografía. Ella también **enseñó** sobre **los cineastas y fotógrafos africanos** en el curso. **Además aprendí** sobre uno de sus proyectos durante el curso. Amy tiene un proyecto que se llama la **Revista Sunu**. Es un proyecto de archivo. El proyecto documenta y preserva **el cine y la fotografía africana.** La clase de Amy y el proyecto de archivo de Amy **me impactaron mucho**. ¡Los dos **me inspiraron** para crear Nuevayorkinos!

7

El nacimiento de Nuevayorkinos

El febrero del 2019 (dos mil diecinueve), **estaba visitando** a la familia en la República Dominicana. Una noche durante mi visita, **estaba en el sofá descansando** y **mirando mi cuenta de Instagram**. **Mientras me estaba desplazando,** de repente **se me ocurrió una idea.** Fue un momento de "ajá." Hay muchas **cuentas de Instagram** que son **archivos digitales.** Los **archivos digitales documentan** las fotos de una categoría de estudio. También los archivos digitales **documentan** las fotos y las experiencias de un grupo de gente. Por ejemplo, hay un archivo digital en Instagram que **documenta** el arte africano. Hay otro archivo que **documenta** el diseño interior. También, hay un archivo digital en Instagram que **documenta la experiencia** latinx de mujeres latinas del sur de California.

Me encanta este archivo digital de **la experiencia** latina de mujeres latinas del sur de California. El archivo y la cuenta de Instagram se llama @veteranas_and_rucas. Me encanta el archivo porque **la estética es chévere.** También me puedo conectar a las experiencias. Sin embargo, **la verdad es que** el archivo Veteranas and Rucas **documenta la experiencia** chicana del sur de California. Y **la verdad es que la experiencia** de una afrolatina de Nueva York es **distinta.** En este "momento de ajá" **pensé,** "hay muchos archivos digitales en Instagram que **documentan** y **cuentan** sus **propias historias** y experiencias. ¿Por qué no hay **un archivo digital** que **documenta** las fotos y las experiencias de la gente latinx de la ciudad de Nueva York?" **El asunto estaba claro. La solución estaba clara. ¿Por qué YO no hago el archivo digital** que **documenta** las fotos y las experiencias de la gente latinx de la ciudad de Nueva York? Esa noche, el 14 (catorce) de febrero, **cerca del malecón** de Santo Domingo donde descansaba en el sofá con mi cuenta de Instagram en la mano, Nuevayorkinos **nació.**

La verdad es que la experiencia latinx de la ciudad de Nueva York ¡es **increíblemente única** y **distinta**! Nuestras historias de la migración, asimilación, no sentirnos "latinx enough" o "american enough" son **sentimientos** personales y también **sentimientos** universales. **Quería crear** una comunidad donde toda la comunidad latinx nuevayorkina **puede documentar, contar,** y **compartir** sus cuentos y experiencias. ¡**Documentar,**

contar, y **compartir** en el contexto de una comunidad afirma que **nuestras experiencias importan**!

Esa misma noche, sabía la visión para el archivo. **Además de documentar** nuestra cultura y amplificar **nuestras voces, sabía que** el proyecto **podría ser** una declaración política. **Sería** un proyecto pan-Latinx y un proyecto no hispano. ¿Por qué? Porque **sería** más posible mostrar la diversidad dentro de la diáspora latina y caribeña. **Los medios de la comunicación-- las revistas, las noticias** de la televisión, las telenovelas-- siempre tienen **la misma imagen** de lo que es una persona latinx. **Quería mostrar** que **no somos todos iguales**. **Quería mostrar** que no nos vemos todos iguales. **Quería mostrar** que **aunque compartimos mucho** y que tenemos mucho en común que hay mucha diversidad **dentro** de la gente latinx en Nueva York. **Todos compartimos** una experiencia cultural pero **todos nosotros ni somos** del mismo país **ni tenemos el mismo color de la piel**. Hay gente latinx negra, hay gente latinx indígena, hay gente latinx blanca, hay gente latinx asiática, y hay gente latinx multiracial. **Todos somos** de la diáspora latina y **compartimos** mucho, pero **no somos todos iguales**.

Además, la verdad es que la gentrificación **impactó y sigue impactando** a muchas comunidades latinas. Nuevayorkinos **puede ser** como **una carta de amor** a **nuestros barrios** --- a **nuestros barrios** que **ya desaparecieron** o los barrios que **están desapareciendo**. Los barrios **contribuyen a la ciu-**

dad y forman parte de **nuestras identidades**. **En las calles y los rincones** de El Barrio o Los Sures es **donde nos hicimos** Nuyorican. **En las calles y los rincones** de Quisqueya Heights o Sunset Park es **donde nos hicimos** Dominiyorkian. **Es importante saber** las contribuciones de la gente latinx porque la gente latinx representa una población grande de la ciudad impactando mucha historia y cultura de Nueva York. **Es importante saber** las contribuciones de la gente latinx porque con la gentrificación ya mucha gente latinx **no puede seguir viviendo** en los mismos barrios. Yo pienso que **si la gente misma no documenta** y **comparte** sus historias, **ya no existen**. **Si la gente misma no documenta** sus contribuciones, **sus éxitos**, sus celebraciones, sus vidas, su existencia, ya no existen. **La verdad es que** este **es un gran problema**. **Es un gran problema** porque hay mucha ignorancia y muchos **estereotipos** sobre la gente latinx. Hay **discriminación hacia** la gente latinx y hay discriminación y **racismo hacia** la gente afro-latinx e indígena latinx.

8

El éxito de Nuevayorkinos

Hice **reglas generales** para Nuevayorkinos. **Así la gente sabe** quién puede **entregar** las fotos, qué necesita **entregar**, y dónde **entregar** las fotos.

Las reglas generales son estas:

- El archivo es para la gente latinx de la ciudad de Nueva York.
- La gente latinx **puede entregar** fotos que **tienen lugar en la ciudad** antes del 2005 (dos mil cinco.)
- La gente **necesita incluir** una descripción o **un cuento para darle contexto** a la foto.

- La descripción **necesita incluir** dónde está en la ciudad y quienes están en la foto.
- **Mandar** las fotos a hi@nuevayorkinos.com
- Nuevayorkinos **publica** la foto y la descripción en Instagram.
- Nuevayorkinos **publica** la descripción en inglés, español, y portugués. Nuevayorkinos incluye portugués para incluir y honrar Brasil que es parte de América Latina.

Nuevayorkinos **se hizo popular** rápidamente. **Mucha gente siguió la página** y **me mandó** sus fotos y las descripciones de sus fotos. ¡**Recibí** fotos y cuentos de la comunidad latinx de todas partes de la ciudad! Mucha gente **me decía** que estaba contenta que un espacio como Nuevayorkinos finalmente existía. La reacción fue increíble y **me hizo muy feliz** crear un espacio necesario. Un espacio **para nosotros, por nosotros, y sobre nosotros**. Muchas veces otras personas **cuentan** las historias de grupos marginalizados. Y así, muchas veces leemos o escuchamos una historia de nuestra gente **desde una perspectiva de afuera**. ¡Me encanta poder ofrecer un espacio y una comunidad **para nosotros, por nosotros y sobre nosotros**!

Después de poco tiempo, ¡Nuevayorkinos colaboró con El Museo del Barrio! El Museo estaba celebrando su aniversario de cincuenta años y yo **construí** una instalación pop usando la visión y la plataforma de Nuevayorkinos. Con muebles y fotos de familias latinx en El Barrio desde 1969 (mil novecientos sesenta y nueve) hasta 2005 (dos mil cinco), **construí** una fiesta de cumpleaños "old school" en una sala. **La idea fue crear** un espacio físico, una representación física de la experiencia digital de Nuevayorkinos.

Fue un momento "full circle" cuando hice el show en El Museo. Dios mío, celebraba a los tres reyes y otras celebraciones en El Barrio. **Ir a escuela allí** y luego **poder hacer la exposición allí** también fue increíble. **Aunque no consideraba** el Museo del Barrio como un espacio que representa **verdaderamente** a la gente del Barrio, **era aún más importante** tener la exposición allí porque Nuevayorkinos, sí, representaba a la gente. Entonces, había una conversación entre los directores del museo y yo. Ellos **me preguntaron si** sabía sobre las controversias del museo. **Las controversias tenían que ver con el hecho de que** el museo no representaba a la gente del Barrio. **Les dije que sí** y que por eso **era aún más importante** para mí estar allí **reclamando el espacio para la comunidad.** Aunque tenía experiencia marchando en las calles, este momento **fue la primera vez** que **reclamé el espacio** y **mi poder dentro de una institución.** Hay gente que no cree que se pueda **hacer cambios dentro de las instituciones.** Yo no creo eso. Creo que sí puedes **hacer cambios dentro de las instituciones.** Y **la verdad es que** por mi exposición, había gente latinx de color que iba a la exposición. Gente latinx que **no había ido** al Museo del Barrio por muchos años. **No había ido** al museo porque

no se sentían representados. En la instalación, las abuelas **recordaban su juventud** mirando los récords, la gente sacaba fotos tocando instrumentos y los niños llevaban sombreros de fiesta.

¡Nosotros **estábamos documentando** y **contando nuestra propia historia** y **creando una comunidad nueva**!

9

Nuevayorkinos como plataforma para la educación etc.

Después de crear una comunidad con **más de 29 (veintinueve) mil seguidores, yo sabía que** era importante usar la plataforma de Nuevayorkinos para la educación. **Comencé a crear recursos** importantes para la comunidad. Por ejemplo, después de que la policía mató a George Floyd en **el verano de 2020 (dos mil veinte)**, la gente protestó **por meses** en la ciudad a favor del movimiento **Las Vidas Negras Importan**. Ofrecí **recursos** en español e inglés que daban contexto a los eventos. **Ofrecí recursos** para **la gente que quería participar** en las acciones. También **ofrecí recursos** para **la gente que quería comenzar** a conversar y leer más sobre estos **temas impor-**

tantes--temas importantes que también impactan a las comunidades latinx. Acuérdate que nosotros somos una comunidad diversa y hay gente latinx negra y gente latinx indígena y gente latinx multiracial y gente latinx blanca. Entonces,¡es importante hablar del racismo y la anti-negritud dentro de nuestra comunidad!

Yo hice recursos sobre la anti-negritud, Las Vidas Negras Importan, y el colonialismo. Cuando comenzó la temporada de las elecciones del año 2020, ofrecí recursos sobre el voto. Sabía que la gente pasaba mucho tiempo en Instagram y era importante ofrecer recursos sobre estos temas importantes. Usar la cuenta de Nuevayorkinos como plataforma de la educación es una extensión de la comunidad que creamos con el archivo digital. El proyecto no existiría si no fuera por la comunidad. Es un proyecto que vive y respira. Aunque el proyecto nos conecta a la historia, también nos conecta a la gente que vivió esa historia y que sigue viviendo. El proyecto ofrece una forma de re-imaginar la historia del pasado y una forma de re-imaginar el presente y el futuro a la vez.

10

Tu propia historia

Como decía antes--

Si yo vivo porque mis ancestros vivieron,
si yo respiro porque mis ancestros respiraron,
si yo existo porque mis ancestros existieron-- ¡tú también lo haces!

Tú vives porque tus ancestros vivieron.
Tú respiras porque ellos respiraron.
Y tú existes porque ellos existieron.

Como mi mamá **me enseñó: "si no fuera por ellos, ¡no existirías!"**
Eres una persona única con ancestros únicos.

Espero que siempre lleves esa idea fuerte contigo también.

Toma un momento para pensar en **las siguientes preguntas. Es probable que tus respuestas vayan cambiando.** Esto es normal. **Aun así**, responde a las preguntas ahora. Responde otra vez en seis meses y un año después. Es importante pensar con intención **cómo podemos contribuir** a nuestras comunidades y al mundo. Vamos a ver donde tenemos talentos fuertes y donde no tenemos mucho talento. También vamos a ver **donde tiene sentido** para ser líder o **donde tiene sentido seguir a otros. Lo importante es participar** y siempre imaginar **un mundo mejor** para todos.

- ¿Quienes son tus ancestros biológicos y no biológicos? Los ancestros no biológicos son las personas que vivían antes y que impactan tu existencia **hoy en día.**
- **¿Qué te anima a imaginar un mundo mejor?** ¿Quienes te animan a imaginar un mundo mejor?

- ¿Cuál es tu historia? **¿Por qué importa contar tu historia? ¿Cómo se conecta tu historia** al pasado? **¿Cómo se conecta tu historia** a una comunidad más grande? Es posible compartir tu historia y elevar las historias de tu comunidad **a la vez**?

- **¿Cómo puedes usar** tus talentos y plataformas **para apoyar y colaborar** con tu comunidad? **¿Cómo puedes usar** tus talentos y tus plataformas **para luchar** por tu comunidad? **¿Cómo puedes usar** tus talentos y tus plataformas para luchar por la educación? **¿Cómo puedes usar** tus talentos y tus plataformas para luchar por **la justicia?**

Glosario

Capítulo 1

Te voy a contar I'm going to tell you

vengo de I come from

me enseñó s/he taught me

nuestros ancestros our ancestors

me decía s/he would tell me

si no fuera por ellos, ¡no existirías! If it weren't for them, you wouldn't exist!

fuerte strong, powerful, intense

mis metas my goals

la llevo conmigo I carry it with me

Yo vivo porque mis ancestros vivieron. I live because my ancestors lived.

Yo respiro porque ellos respiraron. I breathe because they breathed.

Yo existo porque ellos existieron I exist because they existed.

aun mi nombre even my name

viene del imperio maliense (it) comes from the Malian empire

recibe la bendición s/he receives the blessing

para contar y compartir la historia y la cultura del pueblo in order to tell and share the history and culture of the village

cuenta y comparte la historia y la cultura del pueblo tells and shares the history and culture of the village

además moreover, in addition

documentaba s/he would document

leía s/he would read

preservaba nuestro linaje s/he would preserve our lineage

mi familia me crió my family raised me

iba I would go OR s/he would go

bailaba I would dance OR s/he would dance

cantaba I would sing OR s/he would sing

comía I would eat OR s/he would eat

Si yo vivo porque mis ancestros vivieron If I live because my ancestors lived

Si yo respiro porque mis ancestros respiraron If I breathe because my ancestors breathed

Si yo existo porque mis ancestros existieron If I exist because my ancestors existed

Tú vives porque tus ancestros vivieron you live because your ancestors lived

Tú respiras porque ellos respiraron you breathe because they breathed

Tú existes porque ellos existieron you exist because they existed

¡tú también lo haces! You also do it!

eres una persona única con ancestros únicos you are a unique person with unique ancestors

Espero que siempre lleves esa idea fuerte contigo también. I hope that you always carry that powerful idea with you too.

Capítulo 2

crecí entre I grew up between

vivía I used to live, I was living OR s/he used to live, s/he was living

pasaba mucho tiempo I would spend a lot of time OR s/he would spend a lot of time

me enseñó s/he taught me

me crió s/he raised me

si no fuera por él, no sé cómo sería yo if it weren't for him, I don't know how I would be

me buscaba a la escuela s/he would look for me at school ("pick me up from school")

me buscaba s/he would look for me

desde el tercer grado hasta el octavo grado from the 3rd grade until the 8th grade

íbamos we would go

comíamos we would eat

aun así even so, still, even then

comía I would eat OR s/he would eat

quería I wanted OR s/he wanted

arroz con habichuelas rice and beans

maduros sweet plantains

un pollo a la parrilla grilled chicken

por eso because of this

por un rato for a time

recuerdo que I remember that

pedir to order, to request, to ask for

pedía comida I would order food OR s/he would order food

pedí la comida I ordered the food

recuerdo ese momento I remember that moment

pasaba I would spend (time)

mis abuelos se casaron en el edificio my grandparents got married in the building

vivía I lived, I was living OR s/he lived, s/he was living

bibliotecaria (woman) librarian

me enseñó s/he taught me

linaje lineage

raíces roots

para asegurar in order to ensure

no sabemos nuestra historia we don't know our history

había there was, there were

el mapa no marcaba los estados the map didn't delineate the states

nuestro linaje our lineage

me enseñaba sobre s/he would teach me about

enseñaban que los europeos mataron a toda la gente indígena they would teach that the Europeans killed all of the Indigenous people

enseñaban que "el comienzo" de la gente africana fue la esclavitud they would teach that "the beginning" of African people was slavery

no quiso que yo aprendiera s/he refused that I learn

no quiso eso para mí s/he refused that for me

desde la mirada blanca from the white gaze

durante mi niñez during my childhood

me llevaba s/he would take me

durante la temporada during the season

la temporada the season

aprendí I learned

era bailarina de cascabeles I was a jingle-dress dancer OR s/he was a jingle-dress dancer

Íbamos we would go

salía I would leave, I would go out OR s/he would leave, s/he would go out

ropa de la reunión the ceremony clothing

cascabeles jingle bells

el traje hacía el sonido de los cascabeles the suit made the sound of the jingle bells

traje de ceremonia ceremony suit, ceremony outfit

podía verme y escucharme caminando could see me and hear me walking

durante la semana during the week

vivía I was living OR s/he was living

saber sobre los ancestros to know your ancestors

saber to know

hizo lo mismo s/he did the same

tenía los dos lados I had the two sides OR s/he had the two sides

vivía con I was living with OR s/he was living with

todas las partes de mi ser all of the parts of my being

tengo que elegir I have to choose

me decía s/he would tell me

¡tú eres plátanos y la col berza! You are plantains and collard greens!

Capítulo 3

me decía would tell me

"Tú puedes tomar tu propia decisión." You can make your own decision

ella quería enseñarme she wanted to teach me

el camino espiritual de Lucumi the spiritual path of Lucumi

Hoy en día today, present day, in actuality

me llevaba s/he would take me

durante mi niñez during my childhood

santera priestess

aunque although, even though

me decía would tell me

podía tomar mi propia decisión I was able to make my own decision

me llamó la atención (it) caught my attention

la verdad es que the truth is that

me crió s/he raised me

es una religión que sobrevivió it's a religion that survived

¿Lo puedes imaginar? Can you imagine?

¡No tenemos ningún escrito sagrado! We don't have a written sacred text!

sigue vivo it continues to live

los sobrevivientes survivors

sobrevivió la esclavitud (it) survived slavery

¿Qué fuerte no? How powerful no?

la esclavitud slavery

(la gente) esclavizada enslaved

escondía would hide

a través de by way of, through

por eso because of this

podía sobrevivir were able to survive

alabamos we worship

fuerzas de la naturaleza forces of nature

Estas fuerzas de la vida son mayores que nosotros these forces of life are bigger than us

están dentro de nosotros they are within us

se ven negras y morenas they look black and brown

siempre podía ver dioses que se veían como yo I was able to see gods that looked like me

me inicié como santera I became initiated as a priestess

un año entero an entire year

llevo siete pulseras I wear seven bracelets

mi muñeca izquierda my left wrist

tiene que ver con has to do with

el sonido the sound

la limpieza y la protección cleanliness/cleaning and protection

el camino de hacerme santera the path of becoming a priestess

para honrar a mis raíces in order to honor my roots

alabar a los ancestros the worshipping of ancestors

Capítulo 4

tuve que aguantar I had to put up with, I had to tolerate

la escuela nunca incluyó school never included

aprendí I learned

no contaba todo (it) wasn't telling everything

contaba de (it) was telling of/about

desde hace mucho tiempo from a long time ago

se burlaban de mí they made fun of me, they teased me

terminaba I would finish OR s/he would finish

por eso because of this

me llevó s/he took me

hice entrevistas I did interviews, I interviewed

un ambiente donde me sintiera obligada a alisarme el pelo an environment where I felt obligated to straighten my hair

un ambiente donde tuviera que actuar como otra Djali an environment where I had to act like another Djali

Y eso también fue su propia experiencia and that was also it's own experience

era difícil navegar mi propia identidad en ese ambiente it was difficult to navigate my own identity in this environment

la piel más clara lighter skin

aprendí sobre I learned about

fuera de mi casa outside of my house

La gente me decía people would tell me

la escuela me trataba diferente the school was treating me differently

no recibían el mismo acceso they didn't receive the same access

yo vivía mucho allí I experienced a lot there, I "lived" a lot there

estudiantes que se consideraban delincuentes juveniles students that were considered juvenile delinquents

por eso because of this

los pasillos the halls

por un lado on the one hand

una estudiante dotada a beloved student

Y, a la vez And, at the same time

recibían malos tratos de parte de la policía they received poor treatment from the police

un ambiente tenso a tense environment

estoy agradecida por I am grateful for

me enseñó s/he/it taught me

además moreover, additionally

hoy en día today, in actuality, present day

distinto distinct, unique

nativa hablante native speaker

es una mezcla it's a mix of

la verdad es que the truth is that

Capítulo 5

asistí I attended

era la única persona I was the only person OR s/he was the only person

mi escuela secundaria my high school

estaba contenta I was happy OR she was happy

comenzar de nuevo to begin again

hice amigos I made friends

los estudiantes mayores older students

estudiantes de mi propia edad students of my own age

me acosaban they would harass me

usaban las redes sociales para acosarme they were using social media to harass me

los pasillos the hallways

las redes sociales social media, social networks

mi lucha contra la depresión my fight/struggle against depression

pensé I thought

almorzaba I would have lunch OR s/he would have lunch

me apoyó supported me

pensé en I thought about

murieron they died

los barcos the ships

sobrevivieron they survived

me conmovió moved me (emotionally)

me animó motivated me, encouraged me, animated me

un fuerte sentido de la vida a strong sense of life

un fuerte sentido de vivir a strong sense of living

mi lucha contra la depresión my fight/struggle against depression

por la primera vez for the first time

todo cambió everything changed

no dejaron de acosarme they didn't stop harassing me

seguir adelante to continue forward

me animó a encouraged me to

yo misma (I) myself

acoso harassment

No pienso que la gente deba vivir experiencias de acoso I don't think that people should have experiences of harassment

me animó a encouraged me to, animated me to

la confianza de ser yo misma the confidence to be myself

me animó a encontrar la confianza de ser yo misma encouraged me to find the confidence of being myself

además moreover, additionally

algo más ocurrió something else happened

cambió todo everything changed

nació s/he was born

el nacimiento the birth

cambió (it) changed OR s/he changed

dar la bienvenida to welcome

la verdad es que the truth is that

ayudé a criar I helped to raise

me enamoré de él I fell in love with

me animó encouraged me

cambió todo changed everything

Capítulo 6

asistí I attend

la facultad the department (at a university)

ayudé a criar I helped to raise

quería pasar mucho tiempo I wanted to spend a lot of time OR s/he wanted to spend a lot of time

me convertí en I became

como decía antes like I was saying before

es mi mejor amigo he is my best friend

un montón de fiestas a ton of parties

estudiantes universitarios university students

sabes que you know that

estar de fiesta to be partying

no quise eso I didn't want that, I refused that

aun así even still

conocí I met

a través de by way of, through

antes de entrar before entering

la policía mató the police killed

el movimiento the movement

Las Vidas Negras Importan Black Lives Matter

el año anterior the year before

la matanza the killing, the murder

sin embargo however

se hizo (it) became OR s/he became

además moreover, additionally

mató killed

por vender cigarillos sueltos for selling loose cigarettes

hubo una marcha there was a march

iba I would go / I used to go OR s/he would go / s/he used to go

fue la primera vez que it was the first time that

otros jóvenes other young people

conocí I met

la justicia social social justice

recuerdo I remember

aprendí I learned

la leche de magnesia milk of magnesia

aterrorizar to terrorize

reducir los efectos del gas lacrimógeno to reduce the effects of tear gas

el gas lacrimógeno tear gas

quemar to burn

dolor pain

daño damage

aprendí que I learned that

además moreover, additionally, in addition

la policía te puede arrestar the police can arrest you

la acera the sidewalk

la policía no te puede arrestar.the police can't arrest you

me abrieron los ojos y **me desperté** my eyes were opened and I woke up

me junté I joined

hacía I was doing, I was making OR s/he was doing, s/he was making

a través de by way of, through

durante ese momento during that moment

hacíamos we were doing, we were making

la brutalidad policial police brutality

me enseñó it taught me

habrá dificultades there will be difficulties

recuerdo I remember

una cronología a timeline

yo quería incluir I wanted to include

la persona me dijo the person told me

no puedes ser los dos you can't be both

tienes que elegir you have to choose

pensé en I thought about

pensé I thought

no tiene sentido it doesn't make sense

voy a seguir adelante I'm going to continue forward

me enseñó (it) taught me

dejé de trabajar I stopped working

no dejé de trabajar I didn't stop working

la verdad es que the truth is that

el mundo nos necesita the world needs us

¡Seguí adelante! I continued forward!

protestaba (the people) were protesting OR I was protesting OR s/he was protesting

petróleo oil

la tierra sagrada sacred land

si la tubería explotara, causaría muchos problemas if the pipe were to explode, it would cause a lot of problems

la línea de tubería de acceso de Dakota the Dakota access pipleline

personas fueron arrestadas people were arrested

aunque although, even though

hacer una colecta to do a collection

hice una colecta I did a collection, I organized a collection

provisiones supplies

se quedaba en carpas (the people) were staying in tents

apoyar to support, supporting

la justicia social social justice

muchas veces many times

provisiones supplies

recaudamos we raised

exitosa successful

camiones trucks

distribuyeron las provisiones they distributed the supplies

yo ayudé a comenzar I helped to start

nosotros notamos que we noticed that

¿por qué es así? why is it like that?

como decía antes like I was saying before

la injusticia the injustice

Las Vidas Negras Importan Black Lives Matter

provisiones supplies

(la gente) ayudaba the people were helping

(la gente) protestaba the people were protesting

carpas tents

ayudaba a cambiar la cultura dentro de la institución were helping to
change the culture within the institution

aunque although, even though

me apoyó supported me

al principio in the beginning

dejaron de trabajar they stopped working

por eso because of this

no hicimos progreso we didn't make progress

como decía antes as I was saying before

llevar tu conocimiento contigo to take your knowledge with you

habrá una próxima vez there will be a next time

fue muy difícil it was very difficult

se enfermó s/he became sick

entró y salió s/he entered and left

la sala de emergencia the emergency room

la octava vez the eighth time

el riesgo alto de morir del fallo cardiaco high risk of dying of cardiac failure

¡No lo podía creer! I couldn't believe it

sentía mucho I was feeling a lot OR s/he was feeling a lot

estaba enojada I was angry OR she was angry

el sistema de salud the healthcare system

la sala de emergencia the emergency room

sobrevivió s/he survived

todavía está con nosotros hoy s/he is still with us today

me apoyaron y me animaron they supported me and they encouraged me

senegalesa Senegalese

mi asesora principal my main advisor

me ofrecieron they offered me

entendieron they understood

la verdad es que the truth is that

me ayudaron a navegar ese tiempo difícil they helped me to navigate that difficult time

recuerdo I remember

nos hicimos amigas we became friends

enseñó s/he taught

la mirada africana the African gaze

los cineastas y fotógrafos africanos African filmmakers and photographers

a través de by way of, through

además moreover, in addition, additionally

aprendí I learned

Revista Sunu Sunu Journal

el cine y la fotografía africana African film and photography

me impactaron mucho they impacted me a lot

me inspiraron they inspired me

Capítulo 7

estaba visitando I was visiting OR s/he was visiting

estaba en el sofá descansando I was on the sofa resting OR s/he was on the sofa resting

mirando mi cuenta de Instagram looking at my Instagram account

Mientras me estaba desplazando while I was scrolling

se me ocurrió una idea an idea occurred to me

cuentas de Instagram Instagram accounts

archivos digitales digital archives

documentan (they) document

documenta (it) documents

la experiencia the experience

documenta la experiencia documents the experience

la estética es chévere the aesthetic is cool

la verdad es que the truth is that

distinta distinct, unique

pensé I thought

cuentan they tell

el asunto estaba claro the issue was clear

por qué YO no hago el archivo digital why don't I make the digital archive

cerca del malecón close to the pier, close to the waterfront area

nació (it) was born OR s/he was born

increíblemente única incredibly unique

sentimientos feelings

quería crear I wanted to create

(la comunidad) puede documentar can document

(la comunidad) puede contar can tell

(la comunidad) puede compartir can share

documentar to document, documenting

contar to tell, telling

compartir to share, sharing

nuestras experiencias importan our experiences matter

esa misma noche that same night

sabía I knew OR s/he knew

además de documentar in addition to documenting

nuestras voces our voices

sabía que I knew that OR s/he knew that

podría ser it could be OR I could be OR s/he could be

sería it would be OR I would be OR s/he would be

los medios de la comunicación communication media

las revistas magazines, journals

las noticias the news

la misma imagen the same image

quería mostrar I wanted to show OR s/he wanted to show

no somos todos iguales we are not all the same

aunque compartimos mucho even though we share a lot

dentro within

todos compartimos we all share

todos nosotros ni somos neither are all of us

ni tenemos el mismo color de la piel nor do we have the same skin color

todos somos we all are

compartimos we all share

no somos todos iguales we are not all the same

además moreover, in addition, additionally

la verdad es que the truth is that

impactó y sigue impactando impacted and continues impacting

puede ser it can be OR s/he can be

una carta de amor a love letter

nuestros barrios our neighborhoods

ya desaparecieron they already disappeared

están desapareciendo they are disappearing

contribuyen a la ciudad they contribute to the city

nuestras identidades our identities

en las calles y los rincones in the streets and on the corners

donde nos hicimos where we became

es importante saber it's important to know

no puede seguir viviendo can't continue living

si la gente misma no documenta if the people themselves don't document

si la gente misma no comparte if the people themselves don't share

ya no existen (sus historias) their histories already don't exist

sus éxitos their successes

es un gran problema it's a big problem

estereotipos stereotypes

discriminación hacia discrimination towards

racismo hacia racism towards

Capítulo 8

hice reglas generales I made general rules

así la gente sabe that way the people know

entregar to submit

las reglas generales son estas the general rules are these

(la gente) puede entregar can submit

necesita incluir needs to include

un cuento para darle contexto a story to give it context

mandar to send

publica to publish, to post

se hizo popular it became popular

mucha gente siguió la página many people followed the page

me mandó sent me

recibí I received

(la gente) me decía were telling me

me hizo muy feliz made me very happy

para nosotros, por nosotros, y sobre nosotros for us, by us and about us

cuentan they tell

desde una perspectiva de afuera from an outside perspective

después after

construí I built

la idea fue crear the idea was to create

crecer allí growing up there

poder hacer la exposición allí to be able to do the exhibition there

aunque no consideraba even though I didn't consider OR even though s/
he didn't consider

verdaderamente truly

era aún más importante it was even more important

me preguntaron si they asked me

las controversias tenían que ver con the controversies had to do with

el hecho de que the fact that

les dije que sí I told them (that) yes

reclamando el espacio para la comunidad reclaiming the space for the
community

fue la primera vez it was the first time

reclamé el espacio I reclaimed the space

mi poder dentro de una institución my power within an institution

hacer cambios dentro de las instituciones to make changes within institutions

la verdad es que the truth is that

no había ido I hadn't gone

no se sentían representados they didn't feel represented

recordaban su juventud they were remembering their youth

estábamos documentando we were documenting

estábamos contando nuestra propia historia we were telling our own story

estábamos creando una comunidad nueva we were creating a new community

Capítulo 9

después de crear after creating

más de 29 (veintinueve) mil seguidores more than 29 thousand followers

yo sabía que I knew that

comencé a crear recursos I began to create resources

el verano de 2020 (dos mil veinte) the summer of 2020

por meses for months

Las Vidas Negras Importan Black Lives Matter

ofrecí recursos I offered resources

la gente que quería participar the people who wanted to participate

la gente que quería comenzar the people who wanted to begin/to start

temas importantes important themes, important topics

la anti-negritud anti-blackness

dentro de nuestra comunidad within our community

yo hice recursos I made resources

la temporada de las elecciones del año 2020 the 2020 election season

el voto the vote

sabía que I knew that OR s/he knew that

era importante ofrecer recursos it was important to offer resources

el proyecto no existiría si no fuera por la comunidad the project wouldn't exist if it weren't for the community

respira (it) breathes OR s/he breathes

aunque even though, although

nos conecta a la historia connects us to history

nos conecta a la gente connects us to the people

sigue viviendo continues living

a la vez at the same time

Capítulo 10

como decía antes as I was saying before OR as s/he was saying before

Si yo vivo porque mis ancestros vivieron If I live because my ancestors lived

Si yo respiro porque mis ancestros respiraron If I breathe because my ancestors breathed

Si yo existo porque mis ancestros existieron If I exist because my ancestors existed

¡tú también lo haces! You also do too!

Tú vives porque tus ancestros vivieron. You live because your ancestors lived.

Tú respiras porque ellos respiraron. You breathe because they breathed.

Y tú existes porque ellos existieron. You exist because they existed.

me enseñó taught me

si no fuera por ellos, ¡no existirías! If it weren't for them, you wouldn't exist!

Eres una persona única con ancestros únicos you are a unique person with unique ancestors

Espero que siempre lleves esa idea fuerte contigo también. I hope that you always take this powerful idea with you too.

las siguientes preguntas the following questions

es probable que tus respuestas vayan cambiando it's probable that your answers continue changing

aun así even so, even still

cómo podemos contribuir how can we contribute

donde tiene sentido where it makes sense

donde tiene sentido seguir a otros where it makes sense to follow others

lo importante es participar the important thing is to participate

un mundo mejor a better world

hoy en día today, in actuality

¿Qué te anima a imaginar un mundo mejor? What inspires you to imagine a better world?

¿Por qué importa contar tu historia? Why does it matter to tell your story?

¿Cómo se conecta tu historia...? how does your story connect...?

a la vez at the same time

¿Cómo puedes usar...? How can you use...?

para apoyar y colaborar in order to support y collaborate

para luchar in order to fight

la justicia justice

Apéndice: Lenguaje inclusivo de género

nuestres ancestres our ancestors

ancestres ancestors

elles they

elle singular they

ancestres uniques unique ancestors

les europeyes blanques white Europeans

todes son africanes all are African

negres y morenes Black and brown

les niñes children

les estudiantes students

afro-americanes African-American (plural)

puertorriqueñes Puerto Rican (plural)

ancestres biológiques biological ancestors

amigues nueves new friends

otres others

nosotres we

representades represented

CPSIA information can be obtained
at www.ICGtesting.com
Printed in the USA
LVHW011152100721
692198LV00014B/1213

9 780578 868080